El Mundo es un Negocio y una Selva

PLANIFICACIÓN FINANCIERA PARA EL ÉXITO DE TU STARTUP

Estrategias Para Un Crecimiento Sostenible: Presupuestos Inteligentes y Estratégicos para Emprendedores Emergentes

CARLOS CÁRDENAS VERDE

Primera edición: Mayo, 2024

© Carlos Cárdenas Verde, 2024

Reservados todos los derechos. No se permite la reproducción total o parcial de esta obra, ni su incorporación a un sistema informático, ni su transmisión en cualquier forma o por cualquier medio (electrónico, mecánico, fotocopia, grabación u otros) sin autorización previa y por escrito del titular del copyright. La infracción de dichos derechos puede constituir un delito contra la propiedad intelectual.

Este libro está diseñado para proporcionar información y motivación para nuestros lectores. Se vende con el bien entendido de que el autor no se dedica a prestar ningún tipo de consejo psicológico, legal o ningún otro tipo de asesoramiento profesional. El contenido de cada capítulo es la sola expresión y opinión de su autor. No hay ninguna garantía expresa o implícita por elección del editor o del autor incluido en ninguno de los contenidos de este volumen.

Ni el editor ni el autor individual serán responsables de los daños y perjuicios físicos, psicológicos, emocionales, financieros o comerciales, incluyendo, sin exclusión de otros, el especial, el incidental, el consecuente u otros daños.

Índice

INTRODUCCIÓN 9

CAPÍTULO 1: FUNDAMENTOS DE LOS PRESUPUESTOS EMPRESARIALES 15

   ¿Qué es el presupuesto de una empresa?............. 17
   Objetivos de establecer un presupuesto 18
   Técnicas de presupuestación 19
   Tipos de Presupuestos.. 22
   ¿Por qué es importante establecer un presupuesto empresarial? 25

CAPÍTULO 2: ¿CÓMO ELABORAR UN PRESUPUESTO? 27

   Pasos para elaborar un presupuesto 28

CAPÍTULO 3: SUPERANDO OBSTÁCULOS COMUNES EN LA CREACIÓN DE PRESUPUESTOS 39

   Ventajas de elaborar un presupuesto: 39
   Desventajas de elaborar un presupuesto: 41
   Consejos para lograr un presupuesto efectivo 43

CAPÍTULO 4: PRESUPUESTO DE INGRESOS .. 47

   ¿Qué es el presupuesto de ingresos?..................... 47
   Presupuesto de Ventas.. 48
   Presupuesto de Otros Ingresos 48

FACTORES CLAVE A CONSIDERAR EN LA PROYECCIÓN DE INGRESOS 49
FACTORES FORTUITOS 49
FACTORES DE CAMBIO 50

CAPÍTULO 5: PRESUPUESTOS DE EGRESOS .. 53

FACTORES CLAVE A CONSIDERAR EN LA PROYECCIÓN DE EGRESOS 54
LA IMPORTANCIA DE LOS EGRESOS FIJOS Y VARIABLES EN EL PRESUPUESTO 55

CAPÍTULO 6: PRESUPUESTO DE CAPITAL E INVERSIONES 57

¿CÓMO ELABORAR UN PRESUPUESTO DE INVERSIONES EXITOSO? 57
¿CÓMO SE CALCULA EL ROI? 58
¿CUÁLES SON LAS ESTRATEGIAS RECOMENDADAS PARA REALIZAR INVERSIONES UTILIZANDO EL ROI? 59

CAPÍTULO 7: SEGUIMIENTO Y CONTROL PRESUPUESTARIO 61

IMPORTANCIA DEL SEGUIMIENTO CONSTANTE DEL PRESUPUESTO 62
INDICADORES CLAVE DE DESEMPEÑO (KPI) EN LA GESTIÓN PRESUPUESTARIA 63
AJUSTES Y CORRECCIONES EN FUNCIÓN DEL MONITOREO 64

CAPÍTULO 8: PRESUPUESTOS PARA LA TOMA DE DECISIONES 67

¿QUÉ CONSECUENCIAS GENERA LA MALA PLANEACIÓN DEL PRESUPUESTO PARA UNA TOMA DE DECISIONES EFECTIVA?.. 68

CAPÍTULO 9: PRESUPUESTOS Y CRECIMIENTO EMPRESARIAL......................... 71

DEFINICIÓN DE CRECIMIENTO EMPRESARIAL............... 71
ACTIVIDADES PARA LOGRAR EL CRECIMIENTO EMPRESARIAL 71
ESTRATEGIAS DE CRECIMIENTO EMPRESARIAL 72
¿CÓMO LOS PRESUPUESTOS APOYAN EL CRECIMIENTO Y EXPANSIÓN DE UNA EMPRESA? 72

CAPÍTULO 10: CASO PRÁCTICO........................... 75

FASE 1 RECOPILACIÓN DE INFORMACIÓN 76
FASE 2: ESTABLECIMIENTO DE OBJETIVOS 77
FASE 3 ELABORACIÓN DE LOS PRESUPUESTOS 78
FASE 3.1 PRESUPUESTO DE INGRESO 78
FASE 3.2 PRESUPUESTO DE EGRESOS............................. 79
FASE 3.3 PRESUPUESTO DE INVERSIÓN 81
Proyecto A 81
Proyecto B 83
FASE 4 INTEGRACIÓN Y REVISIÓN 86
FASE 5: PRESENTACIÓN Y APROBACIÓN........................ 87
FASE 6: SEGUIMIENTO Y CONTROL................................ 88

CONCLUSIONES 89

SOBRE EL AUTOR... 97

Introducción

Tomar el camino del emprendimiento es una vía que muchos prefieren no transitar, porque trae consigo muchos desafíos, altibajos, expectativas y mucha incertidumbre. Sin embargo, al desarrollar tu idea, puedes optar por crear un plan de negocios que te permita tener una visión inicial sobre lo que deseas lograr y te dé un objetivo o meta definida y cuantificable.

Tener una dirección siempre ayuda a tomar decisiones sobre qué camino tomar, ya sea correcto o no. Seguir una ruta te ayuda a avanzar, y si estás pendiente de lo que quieres, poco a poco te abrirás paso hacia lo que buscas.

En algunas ocasiones, al tomar el camino y tener un plan establecido, no te da la seguridad necesaria a ti ni a quienes te acompañan, porque, en realidad, si no es algo que llegue a producir algún tipo de beneficio, no conseguirás motivar a todos tus seguidores y podrás no despegar en algunos casos.

Entonces, como empresario, ¿qué debo hacer o tener para saber si una idea tendrá un resultado esperado que genere los beneficios requeridos, conociendo lo que se tiene que aplicar y lo que se va a conseguir? Pues, a través de la elaboración de un presupuesto.

Ahora bien, ¿para qué te servirá el presupuesto? Al inicio de tu camino, desconocerás si los esfuerzos que hasta ahora se han dado han generado algún tipo de beneficio. Puedes conocerlo después de aplicarlo a través de una contabilidad confiable, pero, ¿si pudiéramos estimar lo que se puede presentar en el futuro y conseguir lo que me estoy planteando hoy?

Un presupuesto es una herramienta muy útil que te permite planificar en términos monetarios aquellas partidas que generan entradas y salidas de dinero, incluyendo aquellos proyectos de los que estás dudoso si darán resultados o no. Un presupuesto te ayudará a poder anticipar estadísticamente el futuro con cierto margen de error, tanto en los ingresos como en los egresos, incluyendo aquellos proyectos que desarrollaremos a corto, mediano o largo plazo.

Como puedes ver, el presupuesto puede ser muy útil para tu labor de líder emprendedor o líder en cualquier departamento o función que tengas, ya que te permite tener una referencia de lo que se requiere hoy con un punto de vista en el pasado y procurar que se lleve a cabo de la misma manera para obtener los resultados previstos.

Dentro de este libro podremos conocer cómo es el proceso de elaboración de un presupuesto, donde abordaremos los distintos elementos que lo componen y que son importantes considerar para contar con un presupuesto que sea muy útil.

Puede verse como una opción muy ventajosa poder contar con un presupuesto; sin embargo, como todo, también tiene algunas desventajas que es bueno tener en cuenta para no pensar que el presupuesto es una herramienta infalible. Tiene algunas consideraciones y, dependiendo del punto de vista, podremos sacarle provecho a este informe. Igualmente, se detallarán algunas recomendaciones que te permitirán evaluar tu presupuesto para que tenga éxito.

En el desarrollo, podremos explorar la manera de presupuestar los ingresos y los egresos, cada uno con sus consideraciones particulares, factores clave a tomar en consideración para su proyección, y la metodología para poder estimarlos y categorizarlos.

En un presupuesto, no todo son entradas y salidas operacionales, sino también se debe tomar en consideración los proyectos que se pretendan llevar a cabo dentro de la empresa y que permitan el desarrollo de la empresa más allá de la actividad comercial. Es necesario tener planes para el crecimiento a largo plazo y las diferentes estrategias de crecimiento que se pudieran presentar en el desarrollo de una empresa, como la actualización tecnológica, proyectos de inversión en campañas publicitarias o en desarrollos de nuevas ideas y productos que beneficien a la empresa a mediano o largo plazo.

Para poder tener conocimiento de qué tan beneficioso será un proyecto, podremos aprender a usar el Retorno de la Inversión (ROI) y considerar los indicadores clave, aquellos elementos más sensibles sobre los cuales podremos vigilar para evaluar el camino que se toma en el desarrollo de la gestión presupuestaria.

Sin hacer seguimiento a un presupuesto, no podremos ver si estamos en ruta hacia lo que buscamos. Se explicarán las correcciones y ajustes que se pueden desarrollar mientras se aplica un ciclo presupuestario.

No obstante, sabemos que un presupuesto correctamente ejecutado y revisado podrá ser un instrumento útil en lo que respecta a la toma de decisiones. Podremos darnos cuenta de cómo un presupuesto puede apoyar esta labor de tomar decisiones y las consecuencias de tomar decisiones sobre una información incorrecta dada por los presupuestos.

También veremos cómo un presupuesto apoya el crecimiento de la empresa, definiremos qué se considera como crecimiento empresarial y las contribuciones que un presupuesto añade a este particular.

Finalmente, se explicará un caso práctico de cómo calcular un presupuesto de ingreso, egreso y las consideraciones sobre los proyectos de inversión, para tener la noción necesaria de cómo elaborar y evaluar la constitución de un presupuesto.

La intención de este libro no es que aprendas a desarrollar un complejo y detallado presupuesto, sino brindar una perspectiva global sobre todo el proceso y las implicaciones que involucra el contar con un buen presupuesto, y cómo pasa por diversas fases desde su creación, aprobación hasta su ejecución y seguimiento.

Espero que puedas disfrutar el viaje.

Capítulo 1: Fundamentos de los presupuestos empresariales

Un emprendedor exitoso siempre trabajará con dos herramientas antes de poner todo su esfuerzo en una idea. La primera de ellas es la construcción de una planificación donde se estipula el fin y los objetivos de la empresa, así como la ruta a seguir en el período para el cual se está planificando, que puede ser a corto, mediano o largo plazo.

La intención de todo esto es definir el camino sobre el cual se dedicará todo el esfuerzo, optando por unos resultados futuros a los que el negocio debe llegar. Una planificación implica detenerse a pensar y trabajar por unos resultados que esperamos en el futuro.

Cuando planificamos, pensamos a nivel de estrategia, recursos, misión y visión de la empresa. Aquí damos rienda suelta a las expectativas del futuro que esperamos alcanzar.

Cuando hablamos de presupuesto, nos referimos a la forma en que cuantitativamente vamos a llevar a cabo las actividades que tenemos planificadas. Para ello, debemos contrastar los ingresos y egresos del negocio, maximizando el uso del recurso financiero en pro del cumplimiento de los objetivos planteados en la planificación.

Los presupuestos son herramientas muy útiles que ayudan al empresario a tener claro el destino o el camino que tiene por delante al momento de definir su rumbo.

El presupuesto no es más que un plan que se expresa en términos monetarios y que expresa las expectativas que se tienen para un período determinado en cuanto a las cantidades de dinero que ingresarán a la empresa y cómo estos recursos serán aplicados, ya sea para cubrir necesidades de funcionamiento de la empresa, inversión y búsqueda de maximizar el beneficio de los recursos financieros, o simplemente para el ahorro.

El presupuesto puede ser un gran aliado para la toma de decisiones en cualquier emprendimiento. Elaborar un presupuesto para tu empresa no garantiza que le vaya bien, pero te dará un punto de vista sobre cómo va funcionando tu negocio y te ayudará a tomar decisiones en el momento preciso.

Al elaborar un presupuesto, debes estimar los ingresos y egresos que podrían ocurrir en el futuro en tu empresa. Asimismo, este contendrá proyecciones de ventas o ingresos, estimación de los posibles costos, proyección de ganancias o pérdidas, y el total acumulado de ganancias o pérdidas estimadas para todo el período que señala el presupuesto.

Al crear tu presupuesto, podrás planificar, coordinar y controlar tus operaciones con mayor facilidad, ya que tendrás un patrón de lo esperado y lo real.

Disponer de un presupuesto te permitirá planificar actividades, objetivos, recursos y estrategias, anticiparte a ciertos hechos y, de esta manera, reducir la incertidumbre, que siempre es un elemento que tiende a afectar la toma de decisiones.

Por otro lado, te facilitará coordinar cualquier clase de acciones, integrando todas las áreas del negocio con los objetivos de la empresa. Igualmente, te proporcionará control para comparar los resultados obtenidos con los presupuestados.

¿Qué es el presupuesto de una empresa?

Es una planificación que revisa el proceso productivo y financiero de una determinada empresa. Se enfoca en estimar las entradas y salidas de los recursos económicos durante la elaboración y venta de un producto o servicio, teniendo en cuenta diferentes factores como el tiempo, lugar, personal, maquinaria, materia prima, entre otros.

Para una empresa, es primordial contemplar todos los recursos que están a su disposición para asignarlos a las diferentes áreas de la organización, con el fin principal de aumentar las ganancias y disminuir las pérdidas.

También es importante analizar con mucho cuidado el origen de las entradas, como las ventas registradas, inversiones, franquicias y demás. Al mismo tiempo, es importante registrar las salidas, que incluyen costos de producción, de distribución o de envío; las compras a proveedores; mantenimiento de instalaciones, maquinarias y equipos; sueldos del personal; pagos por comisiones; alquiler del local; y gastos generales de la empresa y en servicios, como energía eléctrica, gas, internet, agua, entre otros.

Objetivos de establecer un presupuesto

El establecer un presupuesto tiene un carácter estratégico, ya que permite tomar en cuenta el recurso financiero y maximizar su aprovechamiento. Es importante tener en cuenta dos factores clave:

1. Un control profundo de las cuentas a tomar en consideración.
2. La capacidad de poder actuar en momentos en que se presente algún imprevisto.

Sin embargo, para que un presupuesto cumpla sus objetivos, es necesario tener en cuenta también otras cosas, tales como:

- Ofrecer un análisis interno que detalle todas las posibilidades y prevea el mejor escenario de la situación esperada, basado en un análisis tanto interno, examinando las fortalezas y debilidades, como externo del mercado donde estamos presentes.
- Hacer una distribución entre cada uno de los pilares de la empresa, donde se estipule cuantitativamente los requerimientos de cada unidad administrativa,

tales como Finanzas, Ventas, Administración, Talento Humano, entre otros que posea el negocio.
- Que toda la información recopilada sea accesible para cada una de las instancias administrativas correspondientes, con el fin de que se conozcan los posibles inconvenientes que podrían presentarse y se pueda tener un plan para resolver tales situaciones de la forma más óptima.

Técnicas de presupuestación

Las técnicas para elaborar un presupuesto se aplicarán de acuerdo con las características del negocio o las sugeridas por los técnicos que elaborarán el presupuesto. La idea es tener noción para poder entender la fase de elaboración del presupuesto y que sea acorde a nuestras necesidades. A continuación, algunas técnicas de presupuestación:

1. **Presupuesto base cero:** Es un enfoque de gestión presupuestaria que implica asignar recursos a actividades o áreas de la empresa en función de su beneficio y justificación, en lugar de simplemente continuar asignando recursos en función de los presupuestos anteriores. Esta técnica parte del principio de que toda actividad debe justificar su beneficio y estar sujeta a un análisis coste-beneficio. Ejemplo: Imagina que una pequeña empresa decide implementar el presupuesto base cero para su departamento de ventas. En lugar de asignar un presupuesto basado en el año anterior, cada

actividad y gasto del departamento debe ser evaluado para determinar si generará un beneficio significativo. Esto puede resultar en la eliminación de ciertas actividades poco rentables y en la asignación de recursos a estrategias más efectivas para aumentar las ventas.

2. **Presupuesto por programas:** Es un enfoque presupuestario que se centra en la asignación de recursos a programas específicos o áreas de la empresa en función de sus objetivos y resultados esperados. En lugar de asignar recursos basándose únicamente en las funciones o departamentos, el presupuesto por programas busca alinear los recursos con los objetivos estratégicos de la organización. Ejemplo: Imagina que una organización sin fines de lucro utiliza el presupuesto por programas para su área de educación. En lugar de asignar un presupuesto general para el departamento educativo, se asignan recursos específicos a cada programa educativo, como clases extraescolares, tutorías académicas y actividades extracurriculares. Cada programa recibe recursos en función de su impacto esperado en la comunidad y en el logro de los objetivos educativos de la organización.

3. **Presupuesto flexible:** Es una herramienta de gestión financiera que permite a las empresas ajustar sus gastos y proyecciones financieras en función de los cambios en el nivel de actividad. A diferencia de

los presupuestos tradicionales, que se basan en cifras estáticas, el presupuesto flexible tiene la flexibilidad de adaptarse a variaciones en la producción, ventas u otras actividades comerciales. Ejemplo: Supongamos que una fábrica utiliza un presupuesto flexible para su departamento de producción. Si la demanda de productos aumenta, el presupuesto flexible permite a la fábrica aumentar los costos directos relacionados con la producción, como materiales y mano de obra, para satisfacer la demanda adicional. Del mismo modo, si la demanda disminuye, el presupuesto flexible permite reducir los costos directos para ajustarse a la menor actividad.

4. **Presupuesto rígido:** Es un enfoque presupuestario que se caracteriza por ser inflexible y no permite ajustes en función de cambios en la actividad o el entorno empresarial. Este tipo de presupuesto se basa en cifras estáticas y no contempla variaciones en la producción, ventas u otros factores que puedan afectar los resultados financieros. Ejemplo: Imagina una empresa que utiliza un presupuesto rígido para su departamento de marketing. Si se establece un presupuesto anual fijo para actividades de marketing, este no se puede ajustar a lo largo del año, incluso si surgen oportunidades inesperadas o cambios en las condiciones del mercado. Esto limita la capacidad de la empresa para adaptarse

rápidamente a nuevas circunstancias y aprovechar oportunidades emergentes.

Tipos de Presupuestos

Existen diferentes tipos de presupuestos, los más importantes son los siguientes:

1. **Presupuesto Maestro:** Es el presupuesto macro que involucra todos los presupuestos más específicos. Su perspectiva es mayor e incluye los datos económicos destinados al flujo de efectivo presupuestado y todo lo referente a las finanzas de la empresa. Sus usuarios generalmente son la alta gerencia de la empresa y aquellos usuarios que elaboran el presupuesto general de la empresa.
Para comprenderlo correctamente, es necesario contar con cierta experiencia y conocimiento en la parte financiera y contable.
2. **Presupuesto de Ventas:** Contiene la cantidad de ingresos que espera obtener la empresa. Tiene relación con el presupuesto de producción o compras. Para calcularlo correctamente, es necesario aclarar las metas que se desean alcanzar durante un período específico.
3. **Presupuesto de Caja o Tesorería:** Controla y anticipa los montos de efectivo que posee la empresa. Utiliza datos de cobros, pagos y gastos para enfrentarlos a los ingresos de la empresa. Planea

qué se hará en caso de tener desajustes, como exceso o déficit de liquidez.

4. **Presupuesto de Flujo de Efectivo:** Está íntimamente relacionado con el presupuesto de tesorería. Su objetivo es establecer el flujo de dinero con el que cuenta una empresa en un período determinado. Es muy importante para la toma de decisiones, ya que refleja una estimación de cuánto y cómo entra el dinero, así como cómo sale. Esto permite planificar a futuro correctamente y definir si la empresa dispondrá de los recursos monetarios requeridos y el tiempo y manera de cómo se gestionan dichos recursos.

5. **Presupuesto de Producción:** Es el corazón del presupuesto del negocio. Tiene relación con el presupuesto de ventas y prevé cuánto debe producirse para alcanzar los objetivos de venta esperados. Contiene el plan de requerimientos de insumos y recursos, así como el cálculo del costo destinado a ventas.

6. **Presupuesto de Compras:** Se realiza posteriormente al presupuesto de producción y contiene los costes de los insumos que requiere una empresa para la producción y la venta. Se toma en cuenta un inventario que ayude a determinar las necesidades de los diferentes insumos. Es necesario mantener actualizados los precios para que la programación de pedidos (considerando el tiempo de entrega) sea exitosa y recibir la cantidad necesaria

y oportuna de la materia prima o cualquier otro tipo de mercancía requerida.

7. **Presupuesto de Gastos Operativos:** Se elabora considerando los gastos fijos y variables. Los costos fijos no varían en el tiempo ni con el nivel de producción, mientras que los costos variables fluctúan dependiendo del volumen de producción, como la materia prima. Usualmente se planifican y estudian estos presupuestos en términos mensuales para tener una visión general del comportamiento de los mismos. Incluye servicios, sueldos y salarios, papelería, entre otros.

8. **Presupuesto de Marketing:** Se basa en las inversiones de dinero en las que la empresa se publicitará. Debe concretar los objetivos que se desean obtener y que sean metas alcanzables. Permite dedicar cantidad de dinero no solo a campañas publicitarias, sino también a eventos, publicidad en redes sociales, sitios web o medios de comunicación tradicionales. Debe elaborarse considerando las premisas de los años anteriores y analizando la aplicación de la misma estrategia o ajustándola de acuerdo con las exigencias del mercado.

9. **Presupuesto en Inversiones:** Toda empresa con proyecciones de crecimiento siempre tiene planes para invertir, ya sea en la compra de equipos, ampliación de la capacidad de producción, adquisición de participaciones en otras empresas, o

uso de instrumentos financieros que maximicen rendimientos.

10. **Presupuesto en Recurso Humano:** Considera todo lo relacionado con la fuerza humana que labora en la empresa, incluyendo sueldos, beneficios, seguridad social, capacitaciones y contratación de nuevo personal.
11. **Presupuesto de Investigación y Desarrollo:** Se centra en las inversiones en investigación para el desarrollo de nuevas propuestas al mercado, especialmente en empresas donde la innovación es parte importante de su misión, como empresas médicas o de tecnología.

Cada tipo de presupuesto apunta a un tema específico de interés, construyéndose en base a la necesidad específica del que lo elabora o del usuario final de esta información.

¿Por qué es importante establecer un presupuesto empresarial?

Un presupuesto empresarial es fundamental porque permite establecer metas a corto, mediano y largo plazo para la empresa. Además, proporciona una guía para los fundadores y directivos en la dirección de las actividades del negocio, contribuyendo a la eficiencia de los recursos, especialmente los económicos.

Contar con un presupuesto empresarial también permite una revisión constante de los posibles escenarios que puedan presentarse, lo que facilita prever soluciones factibles y tomar decisiones más informadas.

En resumen, el presupuesto empresarial señala los puntos más importantes de la empresa, sobre los cuales se basa la eficiencia de los recursos, permitiendo dedicar esfuerzos a mejorar y obtener los resultados planificados.

Capítulo 2: ¿Cómo elaborar un presupuesto?

La elaboración de un presupuesto puede parecer complicada, especialmente si no cuentas con la preparación o las fuentes de información necesarias para empezar a construirlo. Un presupuesto no puede estar desligado de la planificación anual de la empresa o del plan de negocios que estés estableciendo. Teniendo claro las variables principales, Misión, Visión e intención, tanto en metas como en objetivos, procederemos a iniciar el desarrollo de este informe.

Una de las principales claves de todo emprendedor es conocer cómo se hace un presupuesto. Es frecuente ver que muchos emprendedores y pequeñas empresas al calcular sus presupuestos tengan algunos errores en sus estimaciones, lo que conduce a no tener una buena base y, por lo tanto, tener consecuencias que afecten negativamente su planificación a corto, mediano y largo plazo. Está demás decir que el tener un buen conocimiento de cómo elaborar un presupuesto sustentará todas las acciones que se realizarán en un plazo estimado. Si este es calculado de forma incorrecta, tendrá muchas fallas la ejecución de las actividades, pero por el contrario, si se realiza de una forma adecuada, habrá mucha mejor dirección y se tendrá un futuro mucho más rentable.

La intención de este libro es proporcionarte los conocimientos necesarios para que lo puedas elaborar o por lo menos conocer cómo componer uno para poder tener un plan más adaptado a la realidad con la mejor ejecución de recursos para que tu empresa sea lo más competitiva posible.

Pasos para elaborar un presupuesto

1. **Proponer un plan estratégico que contenga los objetivos y metas que deseas alcanzar:** Cuando tenemos una idea, no basta con tenerla, debemos crear el conjunto de acciones que debemos realizar para poder obtener los resultados que estamos esperando con lo que es necesario crear el plan estratégico, donde definiremos las metas y objetivos que perseguimos para poder obtener los resultados que esperamos. Entre las metas que deseamos obtener siempre estará presente las metas financieras, puesto que toda empresa trabaja en pro de obtener una ganancia, las metas financieras para la mayoría de los negocios serán una de los pilares en el que residirá esta planificación. Para ello deben cumplir con algunos requisitos tales como: a) Ser cuantificables y objetivos, con esto nos referimos a que deben ser medibles en términos numéricos o de dinero, deben basarse en estudios y cálculos que se hagan con una base razonable o se sustenten en métricas que nos permitan pronosticar los resultados futuros. Si creamos un presupuesto basado en cosas falsas o irreales nuestro presupuesto también lo será. b) Estudio de tendencias, la revisión histórica de datos

de la empresa puede permitirnos realizar una proyección más acertada por tener como base el comportamiento que ha tenido la empresa en años anteriores, esto sustentará tus datos y te permitirá poseer cierto grado de confianza en las proyecciones que se elaboren de acuerdo a cada tipo de egreso como de ingreso. c) Establece Límites en los egresos, uno de los aspectos más críticos de cualquier presupuesto es tener cierto grado de control sobre los egresos que pudiesen presentar el negocio, este límite los establece los gerentes a más alto nivel quienes señalarán que es lo que tiene prioridad en los desembolsos a emplear. No es ser avaro con el dinero es solo tener cuidado de no crear fugas innecesarias de los ingresos percibidos y emplearlo para obtener el mejor rendimiento del mismo. Muchos emprendedores no reparan en gastar dinero pensando que son grandes empresarios, pero gota a gota la pila se agota, no seas tan inflexible pero tampoco tan dócil con el gasto del dinero.

2. **Elabora una proyección de los ingresos:** Como fue señalado en el punto anterior el elaborar un presupuesto no solo se basa en la estimación de los desembolsos de la empresa sino también en la estimación de las entradas de dinero que se esperan. Tal vez es más importante de cómo vas a gastar el dinero es como lo vas a percibir y cuanto más o menos deberá ser, es por ello que se hace necesario

que una vez más nos basemos en la historia que te tenemos de los registros de años anteriores para poder proyectar los comportamientos en el ingreso de la empresa y sea lo más adaptado posible a la realidad. Ahora bien, no solo debemos basarnos en nuestros registros históricos para determinar el comportamiento futuro de los ingresos, sino que también debemos tomar en cuenta algunos elementos que pueden influir sobre nuestra proyección de ingresos, elementos como:

   a. Competencia directa e indirecta, dada por las empresas que ofrecen el bien o el servicio que nuestra empresa ofrece o de empresas que se relacionan con la nuestra, su presencia en el mercado afectará nuestras proyecciones de forma favorable o desfavorable, dependiendo de su propio desempeño y del nuestro.
   b. Valor promedio en el mercado del producto/servicio, el precio de nuestro bien o servicio depende de la manera en que ofrecemos algo distinto al mercado, sin embargo, el ser más caro o barato en el mercado también puede afectar la percepción que los clientes puedan tener sobre nuestro servicio. En este particular es muy importante para la empresa destacar lo que la hace diferente y que el cliente esté dispuesto a pagar por ese bien o servicio.

c. Capacidad de producción, este factor es algo que siempre afecta a las empresas al momento de tener un cliente que exige ciertos volúmenes de mercancía o cierto nivel de servicio, si no cuentas con la capacidad instalada necesaria a las proyecciones que estipulas vas a tener que producir y vender para sostener un pedido o para poder abastecer a todos tus clientes, a veces no es vender más solamente sino tener la capacidad para producir y vender las cantidades que tienes previstas.

d. Demanda estimada del artículo, al momento de establecer una meta de ventas también debes estimar la demanda que tu producto tendrá en el mercado, considera tu presencia en el mercado y estudia la propensión que tendrán tus clientes de comprarte a ti. Muchas veces tenemos altas expectativas sobre nuestro producto/servicio y anhelamos con todo nuestro ser que tenga una alta receptividad en el mercado. Debemos ser lo más racionales y objetivos posibles para no sobreestimar las demandas de nuestro producto sino tener una duda razonable de las ventas que se pudieran tener sobre nuestro producto sobre todo si es un artículo nuevo.

e. Mercado meta, nuestro mercado siempre marcará el ritmo en el que participamos de él.

Nuestro desempeño se verá afectado sino tenemos claro el mercado al que aspiramos vender es por ello que el tener claro quién es nuestro cliente ideal nos dará mayores probabilidades de tener éxito y obtener mejores resultados. Ahora bien, está claro que después de considerar todos estos aspectos tengas expectativas de ventas altas, medias o bajas, cuando elabores tu presupuesto deberás considerar los aspectos señalados anteriormente y adaptar los cálculos a la realidad que posiblemente se le presente al negocio.

3. **Elabora una proyección de los egresos:** Ya hemos considerado los aspectos del presupuesto sobre cómo entrará el dinero a nuestra empresa, ahora toca considerar cómo saldrá de nuestras arcas este dinero. Este es otro aspecto clave al momento de preparar nuestro presupuesto. Debemos tener claro que los egresos se dividen en 2 tipos: los costos y los gastos. Aunque algunas veces se usen sin diferenciarlos, aquí los usaremos bajo el siguiente contexto. En primer lugar, cuando hablamos de costos nos referimos a la inversión de dinero en la que cualquier empresa incurre para poder generar un ingreso, es decir, los desembolsos previos de dinero para poder percibir un ingreso. Por ejemplo, si tengo un negocio que comercializa pantalones, en primer lugar, para poder vender pantalones debo

adquirirlos (ya sea de contado o a crédito) según el valor que me dé el proveedor y al cual asignaré cierto porcentaje a modo de ganancia. También en este punto podemos visualizar si tenemos una panadería, el costo de la misma será el desembolso de materiales, pago de sueldos al personal para que tengamos disponibles nuestros panes para la venta.

Tal y como vemos es considerado inversión, pues aplico dinero para obtener un beneficio. Por otro lado, tenemos los gastos.

Los gastos no son más que desembolsos de dinero que efectúa la empresa para satisfacer necesidades de funcionamiento general de la empresa que no involucran relación directa con la generación de bienes o servicios para la venta. Básicamente se pagan bienes pequeños o servicios que involucran a toda la empresa, como los gastos de servicio de internet que tiene una empresa. Si nuestra empresa es, como el ejemplo anterior de la comercializadora de pantalones, no podemos asociar directamente el consumo de internet al costo de un pantalón (no podemos decir que para adquirir el pantalón consumimos x cantidad de USD en internet). También, si usamos el ejemplo de la panadería, ¿cómo podríamos asociar los gastos de papelería a cada pan que se hornea? Realmente no tiene relación una cosa con la otra, es por ello que los gastos reflejan esos desembolsos para que la empresa marche bien sin que necesariamente se pueda asociar con los desembolsos productivos. Para poder crear el presupuesto es necesario tener establecido el tiempo que abarcará el presupuesto y estipular el tiempo en el que dividirán los plazos de estudio, ya sea que este trabajo si se elabora anual deberá estar seccionado en meses o trimestres, o en otros términos temporales. Y en base a ellos poder elaborar los respectivos consumos o desembolsos a considerar. Una de las formas más flexibles, por así decirlo, que el presupuesto pueda adaptarse es a través de establecerlo es de forma mensual, ya que en esta expresión se podrá adaptar más fácilmente a cualquier medida de tiempo. Igualmente, también te permitirá establecer un control más exacto de aquellos gastos que se generan mensualmente.

4. **Examina los Flujos del Efectivo:** Una vez que tienes considerado cuáles serán los ingresos y egresos y cómo será su comportamiento de acuerdo al período establecido en tu presupuesto, es importante ir confeccionando tu flujo de efectivo porque más allá de tener buenos ingresos por encima de los egresos el conocer la posición de la empresa en cuanto al manejo de su efectivo puede ser un elemento determinante. Aunque tengamos un ciclo de ventas regular, habrá momentos pico donde decidamos incrementar los niveles de producción, como por ejemplo en empresas de zapatos, donde el mes de mayo tienen un alto

volumen de ventas, y como la capacidad instalada de la empresa no le permite elaborar los zapatos a corto plazo es necesario planificar la producción tiempo antes para poder disponer de los productos para cuando se necesiten. Cuando se presenta esta situación es probable que se requieran más recursos financieros para poder cubrir esos niveles de producción, consumiendo más dinero en material y mano de obra, por tanto también pueda ocurrir que no se cuentan con los recursos en ese momento por lo que podría acudirse a los proveedores a negociar plazos más largos para el pago del material, créditos a otras instituciones que conlleven a subsanar la insolvencia que se pudiera llegar a presentar en ese punto temporal del presupuesto.

El flujo de efectivo nos dará la visión de poder evaluar y prepararnos para esas circunstancias. Sin embargo, también puede presentarse al contrario y tener un gran excedente de dinero disponible, en este caso podrían aplicarse varias estrategias como invertir en documentos comerciales que nos den réditos a corto plazo, hacer mejoras a los activos de la empresa, o simplemente reservarlo para otras actividades que desee emplear la empresa. Todo esto solo será posible si conocemos cómo será el flujo del efectivo durante el tiempo que programemos el presupuesto.

5. **Crear un presupuesto a niveles más específicos:** Es mucho más sencillo elaborar un presupuesto si

comenzamos por la parte micro de la empresa hasta la parte macro de la misma, es decir construirlo desde las partes más básicas. No te parece que si cada unidad que compone tu negocio elabora su propio presupuesto: a) facilitaría en gran medida la construcción de tu presupuesto y, b) contribuiría también con el control interno de cada unidad y reduciría las desviaciones del mismo.

6. **Programa supervisión de ejecución presupuestaria:** Para que nuestro presupuesto funcione correctamente es necesario hacer seguimiento del mismo. La función de control es clave para un coordinador o gerente; mantener la vista en cómo se comportan los movimientos económicos verificando que son los previstos en el presupuesto (lo cual sería el mejor escenario) pero también es probable que se presenten algunas desviaciones por situaciones no previstas o que surjan de forma inesperada. Para estas situaciones examinar si este cambio nos perturba y en qué medida afectará el desarrollo de lo previsto.

Algunos expertos suelen dejar un margen de error a sus partidas para que estas cosas inesperadas no tengan consecuencias graves en el cumplimiento de los objetivos. De allí la importancia de mantener un ojo vigilante en la comparación de montos reales con los montos presupuestados tanto en ingresos como en los egresos, no de vez en cuando, sino que sea una actividad constante para mantener la información al día. Como podrás notar, vigilar este desarrollo de las actividades tendrá un impacto en la gestión de la persona que funge como responsable del presupuesto. Asegurarse de que las actividades se ejecutan correctamente y conforme a lo previsto y poder tomar las decisiones oportunamente. La supervisión no debe ser eventual sino una actividad constante, y planificarlo es vital.

Capítulo 3: Superando Obstáculos Comunes en la Creación de Presupuestos

Muchas personas en este momento tendrán sus reservas sobre todo el trabajo de construir un presupuesto y el tiempo que tenemos que dedicar para confeccionarlo, discutirlo y hacerle seguimiento. Sin embargo, a pesar de lo importante que los expertos señalan, vamos a elaborar una lista con las ventajas y desventajas de elaborarlo.

Ventajas de elaborar un presupuesto:

1. A través del presupuesto se pueden estimar las posibles utilidades que se pudieran generar en el período que se va a presupuestar, por lo que esto permite también calcular ciertos incentivos salariales al personal por cada unidad de trabajo, lo que podría motivar hacia el alcance de las metas trazadas.
2. Soporta y apoya a la gerencia, pues provee la información de referencia para que se pueda analizar la situación puntual de la empresa y poder estudiar la situación en un momento determinado.
3. El presupuesto es una herramienta muy completa donde los propietarios, socios o accionistas pueden visualizar cada parte de la empresa, su progreso, expectativas de crecimiento. También, es un muy buen instrumento que le permite a los bancos u otros entes financieros poder examinar cómo será el

próximo período para el que se realiza el presupuesto.

4. Proyectar la situación de la empresa implica el camino a seguir, pero no quiere decir que no se pueda tener en cuenta otros caminos que se puedan suceder. El tener presente varios escenarios también colaborará con la preparación de la gerencia en esta situación y en las consideraciones de la toma de decisiones.

5. Cuando se elabora un presupuesto se prevén las metas a alcanzar entre ellas el volumen de ventas y en qué línea de producción tenemos mejor rentabilidad que en otras, se puede prever la rentabilidad de la empresa en determinado momento. Claro está que debe basarse en datos confiables en los que se utilizó para su elaboración.

6. Al tener un panorama amplio sobre los movimientos económicos y financieros, permite a las empresas, en especial a las que determinadas temporadas del año son realmente productivas, poder planificar los flujos de efectivo y no quedar en etapas de insolvencias a lo largo del período presupuestado.

7. Igualmente, si se desea crear proyectos de inversión, el presupuesto permite poder estimar los períodos en los que se dispondrá para efectuar los desembolsos necesarios de los proyectos de acuerdo a la disponibilidad de la que se llegase a disponer.

8. A través del presupuesto se puede visualizar las aplicaciones de los fondos, lo que ayudará enorme-

mente a visualizar las partidas que utilizan más efectivo, por lo cual podamos realizar análisis un poco más en profundidad y poder decidir si mantenerlos o reducirlos.

Desventajas de elaborar un presupuesto:

1. Al ser un usuario del presupuesto, debemos tomar en cuenta que está elaborado en base a estimaciones y supuestos determinados, por lo que no se puede considerar como cierto todo lo que allí se encuentre plasmado. Por lo tanto, si se llegase a presentar alguna situación que sea completamente imprevista, puede afectar los movimientos de la empresa y, en consecuencia, ya no pueda utilizarse, por lo menos en su totalidad, la información contenida en el presupuesto.
2. Al tener la visión que se presenta en el presupuesto, también es probable que nuestra opinión esté muy ligada al proyecto, por lo que podemos tener la tendencia a tener una postura sesgada y rígida que impida tomar decisiones que pudiesen ser más adaptadas a las nuevas realidades que se pudieran presentar. Es importante considerar que los presupuestos se realizan en base a estimaciones o una situación deseada, sin embargo, debemos ser capaces de corregir el rumbo si las condiciones que previmos cambian y adaptarnos a la nueva información.
3. Para elaborar el presupuesto es necesario dedicar el tiempo necesario para que este lo más adaptado a la

realidad y que satisfaga la mayor parte de previsiones y objetivos que la empresa se proponga, por lo que podría extenderse más de lo estimado y a consumir largas jornadas de trabajo y reuniones que conlleven a la evaluación y revisión del presupuesto.
4. Al requerir una preparación muy especializada para la elaboración de un presupuesto, una persona ampliamente capacitada en este particular podría de cierta manera "manipular" las cifras para demostrar alguna situación favorable o desfavorable para la empresa, demostrando que puede presentar una situación irreal.
5. Al tener una medida de cómo se deberían llevar a cabo las actividades y cuáles son los resultados que se esperan, esto puede generar a nivel de mando medio, cierto estrés y presión por lograr lo pautado, ocasionando en alguna medida que choques internos por los incumplimientos entre las unidades menores, creando un clima organizacional un tanto efervescente ante la crítica.
6. En la construcción del presupuesto se estiman los egresos que se llevarán a cabo dentro de la empresa, sin embargo, es probable que en la distribución de fondos algunas unidades salgan más favorecidas que otras, en detrimento de la armonía interna y pueda generar malestares y desacuerdos internos entre dichas unidades.
7. Al asignar a cada unidad cierta cantidad de fondos para su desempeño a lo largo del período para el

cual se genera el presupuesto, y llegado la finalización del plazo del presupuesto, todos aquellos recursos que no se llegasen a utilizar es probable que para el siguiente presupuesto les sean restados. Esta forma de actuar sobre el presupuesto deja entredicho que la unidad que no usó el recurso pueda ser muy eficiente, sin embargo, en algunas empresas puede tomarse como fracaso, por lo que el supervisor de la unidad podría desear gastarlos aun cuando no sea necesario, solo para poder disponer de ese monto el siguiente período.

8. No cabe duda de que la elaboración de un presupuesto considera muchos aspectos cuantitativos y lo expresa de esa manera. Sin embargo, también debe considerarse aspectos cualitativos que pudiesen influir y que no necesariamente sean cuantificables en nuestro presupuesto. La cantidad de clientes atendidos por un servicio de post venta puede ser cuantificado en base a las experiencias de años anteriores, indexado al crecimiento que se haya podido experimentar cada año. No obstante, la calidad del servicio post venta no es una variable cuantificable y podría pasar desapercibida en un presupuesto.

Consejos para lograr un presupuesto efectivo

1. El presupuesto puede ser tan complejo o sencillo como lo prefiera la directiva de la empresa. Lo más interesante de esto es que se destaque la importan-

cia de elaborarlo año tras año, que se convierta en un acto recurrente. Es por ello que debemos hacerlo un proceso sencillo a través de las herramientas de las que se dispongan. Para aumentar la posibilidad de que esto se convierta en una actividad recurrente, debe ser un proceso sencillo y fácil de comprender para todos.

2. El presupuesto no debe ser un elemento rígido o estricto, debe manejarse como un reporte que está expuesto a que no se ejecute inexorablemente tal cual, por lo que debe considerarse que a lo largo de su ejecución puedan presentarse situaciones que conlleven a que deba ser modificado de acuerdo a los cambios de circunstancias. Recuerde que el uso del presupuesto permite liberar presión sobre el camino a tomar y la toma de decisiones.

3. Orienta el presupuesto hacia los objetivos que tiene la empresa. Cuando tengas que asignar recursos, enfócate en los resultados que se piensan obtener, aunque los números no te den. Indagar con cada responsable de unidad te dará la información necesaria para poder elaborar tu presupuesto desde lo micro hasta lo macro.

4. Mantener una buena y constante comunicación con los diferentes departamentos y que constantemente nos vayan informando sobre lo ocurrido en la aplicación del presupuesto a través de un esquema oportuno que permita la toma de decisiones oportuna.

5. Tener un gran presupuesto puede generar al momento de la revisión algo de temor de revisar una serie de cifras de la cual no tenemos completa seguridad de si están dando la información que requerimos. Es por ello que se recomienda a aquellas personas que no tienen mucho conocimiento interno de la empresa solo analizar aquellas que tienen un impacto significativo e importante en los objetivos que se establecen.

Capítulo 4: Presupuesto de Ingresos

Una de las principales áreas de interés al elaborar un presupuesto es la parte de los ingresos, ya que las empresas se basan en esta información para estimar los desembolsos del período económico correspondiente.

¿Qué es el presupuesto de ingresos?

Está conformado por las diferentes fuentes que generan entrada de dinero y se prevé que ocurrirán en la empresa en el próximo período para financiar las operaciones que se llevarán a cabo.

Por lo tanto, un presupuesto de ingresos se puede definir como el resultado del estudio sistemático y cuantitativo de las entradas de dinero que tendrá una empresa de acuerdo a su estimación para un período específico.

Cuando hablamos de ingresos, nos referimos a "previsiones de ingresos", ya que se elaboran en base a estimaciones, a diferencia de los gastos en los que el monto asignado supone el límite autorizado para gastar.

Esto nos indica que si los ingresos superan nuestras previsiones, estamos en presencia de un superávit presupuestario, una situación favorable, mientras que si los gastos superan lo asignado, podríamos tener un déficit presupuestario que afectaría la ejecución presupuestaria.

Definir claramente los ingresos que se tomarán en cuenta es el paso más importante al elaborar un presupuesto, ya que marca la pauta sobre lo que se considerará para hacer desembolsos.

Usualmente, este presupuesto se compone del presupuesto de ventas y de otros ingresos (o ingresos extraordinarios).

Presupuesto de Ventas

Hasta hace algún tiempo, las ventas dependían únicamente de la fuerza de ventas y las habilidades que pudieran tener. Sin embargo, en la actualidad, con el avance de la tecnología y los estudios sobre el comportamiento de la población y los mercados, se pueden predecir de forma muy acertada.

Presupuesto de Otros Ingresos

Los otros ingresos se refieren a ingresos que se producen dentro de la empresa pero que tienen un carácter extraordinario o no recurrente. Pueden no ser significativos o ser accidentales. Son ingresos que no son los normales dentro de la empresa. Un ejemplo de ellos son las ganancias por venta de activos fijos, alquileres de bienes ocasionales, intereses en operaciones de préstamos eventuales, entre otros.

Como se mencionó anteriormente, no son ordinarios, ya que la empresa no depende de ellos para subsistir. Sin embargo, nos ayudan a obtener algún rendimiento dentro de la empresa o son ingresos de oportunidad. Usualmente, no son ingresos que se puedan predecir con facilidad, pero se pueden usar informes históricos para pronosticar su valor en el tiempo. Dependiendo de la ocurrencia de estos, suelen no ser incluidos en un presupuesto por no ser representativos, pero si se desean incluir, pueden ser tomados en cuenta.

Factores clave a considerar en la proyección de ingresos

Como se mencionó al principio, los presupuestos se basan en estimaciones o estudios previos para elaborarse. En el caso de la elaboración del presupuesto de ingresos, existen algunos factores que se deben tener en cuenta y que pueden afectar el desarrollo de la elaboración de tu presupuesto. Estos son:

Factores Fortuitos

Estas situaciones se pueden presentar cuando por escenarios que no dependen de la empresa y que la pueden afectar de forma perjudicial o beneficiosa. Por ejemplo, situaciones como una catástrofe natural, una pandemia (como la del COVID-19) o una huelga pueden influir negativamente en la ejecución de nuestro presupuesto, lo cual es realmente difícil de pronosticar.

Por otro lado, hay circunstancias que nos pueden afectar positivamente, como tener productos innovadores que impulsen las ventas, una campaña publicitaria exitosa, decisiones políticas que favorezcan a la empresa, entre otros ejemplos. Estos factores también pueden generar problemas dependiendo de la industria, pero nos podrían beneficiar, como la pandemia del COVID-19 que benefició a las empresas fabricantes de productos de limpieza, alcohol, mascarillas, etc.

Aquí también se pueden clasificar los factores económicos locales e internacionales. A veces, los cambios en los valores de la moneda, políticas económicas, tasas de interés, tasas de inflación y desempleo; todas estas variables, aunque las podamos ver de forma separada, también influyen en los ingresos que cada empresa pueda generar para cierto período.

Factores de Cambio

Estos factores son consecuencia de decisiones que podrían incidir en las ventas que se presupuestan. Este factor abarca los cambios que podrían ir desde el branding de la empresa (colores, slogan, tipografía) hasta rediseños del producto, cambios en la presentación del producto, en el material del producto, rediseños, nuevos precios, métodos de venta y hasta la publicidad.

Ambos factores inciden en la aplicación de nuestros presupuestos de ingresos y aunque no son predecibles cuantitativamente, es mejor considerarlos para los escenarios que se pudieran presentar. También es importante en este particular estudiar los plazos correspondientes a la cobranza de los mismos. Esto es porque será un factor muy importante al momento de conocer la disponibilidad de fondos para cumplir con nuestros compromisos con terceros (proveedores de materiales y servicios, empleados, entidades financieras). Conociendo la disponibilidad de efectivo nos ayudará a planificar mejor los desembolsos de efectivo que programemos en el presupuesto de egresos.

Capítulo 5: Presupuestos de Egresos

Cuando elaboramos el presupuesto de ingresos, inevitablemente pensamos en cómo se utilizarán esos ingresos, y esto se refleja en los egresos.

Los egresos consisten en la salida de dinero que la empresa realiza para generar ingresos y mantener su funcionamiento. Esta salida de dinero se divide en dos categorías para los propósitos de este libro: costos y gastos. Los costos representan la inversión necesaria para que la empresa genere ingresos y están estrechamente relacionados con la generación de ingresos. Por otro lado, los gastos también representan salidas de dinero, pero tienen la finalidad de cubrir las necesidades operativas de la empresa. La diferenciación entre ambos radica en que uno está más relacionado con la parte operativa de la generación de ingresos, mientras que el otro no lo está tanto. Por lo tanto, en el presupuesto, los costos se componen principalmente de egresos variables, mientras que los gastos se componen de egresos fijos.

Los egresos variables, o costos variables, son aquellos desembolsos que tienden a aumentar o disminuir en función del volumen de producción. Por ejemplo, en una empresa productiva como una mueblería que fabrica mesas de madera, el costo de la materia prima, como la madera utilizada, se consideraría variable, ya que aumentará o disminuirá en función de la producción. Del mismo modo, si un trabajador recibe un pago por cada mesa que fabrica, este costo también se consideraría variable, ya que está asociado con la producción y generación de ingresos.

Siguiendo con el mismo ejemplo, los egresos fijos son desembolsos que se mantienen constantes independientemente del volumen de producción dentro de un rango relevante. Por ejemplo, si a un trabajador se le paga una cantidad fija cada mes, independientemente de la cantidad de mesas que fabrique, su salario se consideraría un egreso fijo. Lo mismo ocurre con los alquileres del local: independientemente de si se generan ingresos, se debe pagar la misma cantidad de dinero por el alquiler.

Entendido esto, es importante tener en cuenta que los egresos, independientemente de su naturaleza, se considerarán elementos que tendrán un límite a lo largo de la ejecución del presupuesto, como se explicó anteriormente. Mientras que los ingresos pueden superar lo presupuestado, en el caso de los egresos es lo contrario, por lo que el análisis al establecer los montos debe ser minucioso y equitativo para todas las unidades administrativas.

Factores clave a considerar en la proyección de egresos

Para elaborar un buen presupuesto de egresos, es necesario considerar en primer lugar los objetivos financieros establecidos por la empresa, analizar las deudas de meses anteriores y calcular adecuadamente los desembolsos (costos o gastos). Prefiero señalar que los desembolsos deben calcularse de manera justa y no simplemente reducir gastos. Cuando nos enfocamos en reducir gastos, podemos pasar por alto la necesidad de dichos desembolsos. Por ejemplo, en una empresa, reducir los gastos de papelería puede tener consecuencias negativas, como la falta de material de apoyo, lo que afectaría la actualización de archivos y podría detener algunos procesos. Si bien es cierto que se deben considerar todas estas circunstancias al asignar recursos, creo que la visión debería ser de optimización en lugar de reducción.

Todo esto debe estar en armonía con las metas establecidas en el presupuesto de ingresos. Si hay un crecimiento con respecto al año anterior, también es lógico pensar que los egresos aumentarán en cierta medida, especialmente los de naturaleza variable, que aumentarán a medida que lo hagan los ingresos. Por lo tanto, es importante comprender e identificar cada gasto según su frecuencia y clasificación.

También se debe incluir el desembolso que se pueda hacer para actualizar maquinaria, software y cualquier otro equipo que pueda aumentar las posibilidades de crecimiento empresarial o generar mayores ingresos. Estos gastos suelen ser elevados y pueden afectar a la empresa.

La importancia de los Egresos Fijos y Variables en el Presupuesto

Es importante señalar que al analizar estos egresos, hay partidas o consideraciones especiales que deben ser tenidas en cuenta para una revisión más profunda. Por ejemplo, al estudiar los egresos fijos y variables, es necesario entender que, en el caso de los fijos, su monto se mantendrá constante en el tiempo y será predecible tanto en su ocurrencia como en su monto. Mientras tanto, los egresos variables fluctuarán en función del nivel productivo de la empresa para un período determinado, y es necesario considerar cómo será ese flujo a lo largo del año para proyectarlos correctamente en el tiempo. Por lo tanto, sugiero que los egresos se controlen y registren de manera mensual dentro del presupuesto para tener un mejor control sobre ellos.

Al igual que con los ingresos, donde pueden ocurrir situaciones extraordinarias que resulten en ingresos adicionales, también pueden ocurrir salidas de dinero poco comunes, como pérdidas por robos, incendios, reparaciones de emergencia, o pérdidas por incobrables, entre otros.

Teniendo en cuenta todo lo mencionado, es de suma importancia planificar y considerar los plazos que nos otorgan nuestros proveedores para el pago de deudas, ya que un uso adecuado de estos plazos conlleva a un manejo correcto y oportuno del efectivo. ¿Por qué es importante esto? Es simple: conocer cuán rápido se recupera la inversión inicial para generar ingresos y cuándo podemos disponer de la utilidad bruta (la diferencia entre los ingresos y los costos de producción y/o venta).

Capítulo 6: Presupuesto de Capital e Inversiones

En algunas empresas es importante planificar tanto los ingresos como los egresos, así como las inversiones que se realizarán en el próximo año. Estas inversiones pueden obedecer a metas u objetivos de la empresa, como el crecimiento y la modernización, o a necesidades para incrementar los ingresos o reducir los egresos, como la construcción de una sede administrativa para dejar de pagar alquileres y capitalizar a la empresa.

Este presupuesto sigue un plan determinado por la alta gerencia sin perjudicar el funcionamiento de las operaciones normales de la empresa.

El presupuesto de capital e inversiones se compone de dos tipos de inversión: las inversiones fijas, que consisten en bienes materiales o tangibles que inciden en la parte operativa o de producción, y las diferidas, que incluyen activos intangibles que no influyen directamente en la producción, como los gastos de organización e instalación, permisos, licencias o seguros, entre otros.

¿Cómo elaborar un presupuesto de inversiones exitoso?

Es fundamental evaluar cada proyecto de inversión antes de comprometer recursos. Para lograr esto, es importante considerar el retorno de la inversión (ROI), el riesgo asociado y la alineación con los objetivos estratégicos de la empresa.

El ROI es una métrica clave que mide la rentabilidad de una inversión y permite comparar rendimientos entre diferentes inversiones. Un ROI positivo indica que la inversión generará ganancias, mientras que un ROI negativo podría señalar que el proyecto no es viable. Buscar proyectos con un ROI sólido y alineados con los objetivos estratégicos es crucial. Evaluar el riesgo asociado a cada proyecto también es importante. La diversificación de las inversiones puede ayudar a reducir el riesgo general y mantener la estabilidad financiera de la empresa.

Es fundamental que cada inversión esté alineada con los objetivos estratégicos de la empresa, contribuyendo al logro de las metas a largo plazo y apoyando la visión y misión del negocio.

¿Cómo se calcula el ROI?

El ROI se calcula utilizando la fórmula:

ROI = *(Rendimiento obtenido de la inversión − inversión inversión) × 100*

Supongamos que una empresa está considerando invertir $50.000 en la compra de una nueva maquinaria que se espera que genere ingresos adicionales y reduzca los costos operativos. Se estima que la maquinaria generará ingresos anuales de $20.000 y reducirá los costos en $10.000 al año.

Para Calcular el ROI tenemos los siguientes datos

Inversión = $50.000

Ingresos esperados = ($20.000 +$10.000)=$30.000

Aplicamos la Fórmula

ROI = (30.000-50.000)/50.000 x 100

ROI = -20.000/50.000 x 100

ROI = -40%

En este caso, un ROI negativo indicaría que la inversión en la maquinaria no es rentable y probablemente no sería una buena opción para incluirla en el presupuesto. Se recomienda analizar otras alternativas con un ROI más favorable.

¿Cuáles son las estrategias recomendadas para realizar inversiones utilizando el ROI?

1. Priorizar la inversión en productos que se vendan más y generen mayores ganancias, asegurando así un flujo positivo de dinero.
2. Invertir en la automatización de procesos para mejorar la productividad y reducir costos operativos.
3. Identificar claramente al público objetivo para formular estrategias que incrementen el ROI.
4. Utilizar el método SMART (Específico, Medible, Alcanzable, Realista y a Tiempo) para establecer y

hacer seguimiento de objetivos que sean claros, inteligentes y relevantes para lograr un desempeño exitoso, implementando indicadores de desempeño que faciliten la evaluación y seguimiento en el cumplimiento de las metas.

Capítulo 7: Seguimiento y Control Presupuestario

Durante la elaboración de un presupuesto, es crucial tener claros los objetivos y distribuir los recursos de la empresa para alcanzarlos. Al basarnos en datos pasados para crear el nuevo presupuesto, se simplifica la propuesta siempre y cuando se cumplan estándares mínimos para garantizar el cumplimiento de metas, y se mantenga la flexibilidad para ajustarlo ante situaciones que puedan cambiar las variables previas.

Una vez aprobado el presupuesto con los recursos asignados a cada unidad o departamento, es esencial contar con un sistema de seguimiento que permita verificar que los esfuerzos cumplen con lo esperado, a través de indicadores de progreso.

Aunque el desarrollo del presupuesto puede no seguirse estrictamente, debe mantenerse dentro de márgenes considerados "aceptables", lo que requiere monitorear la información proporcionada por los indicadores para aplicar correcciones adecuadas en el momento oportuno.

Este sistema de seguimiento debe permitir:

- Integrar datos reales y presupuestados.
- Realizar correcciones del presupuesto basadas en análisis y herramientas estadísticas.

- Generar informes que muestren claramente la información.
- Visualizar los análisis mes a mes y el acumulado anual.
- Alertar oportunamente sobre las variaciones al plan y presupuesto.

Debe ser capaz también de priorizar las posibles desviaciones para detectar y vigilar aquellas que sean más importantes o tengan gran incidencia en el logro de los objetivos propuestos.

Aunque es normal que se presenten desviaciones entre lo planificado y lo real, poder identificarlas permitirá mantener los objetivos y realizar los ajustes necesarios.

Importancia del seguimiento constante del presupuesto

Para una empresa, su éxito a largo plazo y su estabilidad financiera dependen en gran medida de un buen control y seguimiento del presupuesto. Contar con un control presupuestario efectivo proporciona una visión más clara sobre los recursos utilizados y permite asignarlos de manera más efectiva a las áreas donde se necesitan.

Este proceso de revisión y evaluación constante de los ingresos y egresos ayuda a confirmar que los recursos financieros se están utilizando de acuerdo con las metas y objetivos establecidos previamente.

Además, es importante evaluar las posibles desviaciones que puedan surgir a lo largo del tiempo en que se aplique el presupuesto. Estas desviaciones pueden ser utilizadas como oportunidades de mejora, permitiendo el ajuste de variables y la toma de decisiones acertadas.

Finalmente, un presupuesto que se ha ejecutado y controlado permitirá la planificación a largo plazo, considerando resultados más realistas que si se basara únicamente en un presupuesto ejecutado sin controles adecuados.

Indicadores clave de desempeño (KPI) en la gestión presupuestaria

Los indicadores clave de rendimiento (KPI) del presupuesto son herramientas de gestión utilizadas por los ejecutivos de alta gerencia y responsables de la aplicación del presupuesto para garantizar que este esté alineado con los objetivos estratégicos de la organización.

Los KPI son datos que ayudan a tomar decisiones más acertadas. Es fundamental seleccionar los KPI correctos, basándose en los objetivos establecidos en el presupuesto. Por ejemplo, se puede utilizar el tráfico de visitas como KPI en marketing, o el costo por lead para evaluar la eficiencia de las inversiones publicitarias.

Otro ejemplo es el Margen de Utilidad Bruta como indicador financiero, que señala la ganancia sobre las ventas totales antes de deducir los gastos. También el índice de liquidez, que mide la capacidad de la empresa para pagar sus deudas a corto plazo. Para elegir los KPI adecuados, es necesario tener claros los objetivos del presupuesto. Por ejemplo, un KPI que proyecte el rendimiento futuro del presupuesto y otro que evalúe las actividades pasadas puede proporcionar una visión completa. Estos KPI permiten anticipar resultados y tomar decisiones informadas para alcanzar los objetivos establecidos.

Los KPI son fundamentales para controlar la evolución del uso de las partidas presupuestarias y tomar decisiones basadas en resultados concretos.

Ajustes y correcciones en función del monitoreo

Los ajustes después del monitoreo del presupuesto de una empresa consisten en realizar modificaciones o cambios en el presupuesto original para corregir desviaciones, optimizar recursos o adaptarse a nuevas circunstancias. Un presupuesto no es infalible y puede requerir ajustes si las circunstancias en las que se diseñó han cambiado drásticamente.

Estos ajustes pueden seguir los siguientes pasos:

1. Identificar las desviaciones: Aplicar una revisión utilizando los KPI para comparar los resultados reales con el presupuesto inicial y detectar las áreas donde existen diferencias significativas.

2. Analizar las causas: Investigar las razones detrás de las desviaciones que han afectado los KPI de referencia, como cambios en el mercado, fluctuaciones en los costos o errores en la planificación.
3. Evaluar las opciones: Plantear diferentes escenarios con sus correspondientes alternativas para corregir las desviaciones presentes, como reducir gastos, aumentar ingresos, renegociar contratos o cambiar estrategias.
4. Tomar decisiones: Después de realizar un análisis completo de la situación, seleccionar la mejor opción o combinación de acciones para ajustar el presupuesto y mejorar el desempeño financiero u otro objetivo establecido por la empresa.
5. Implementar los ajustes: Llevar a cabo todas las modificaciones necesarias en el presupuesto, comunicando los cambios a los departamentos o equipos relevantes y asegurándose de que se lleven a cabo correctamente.
6. Monitorear nuevamente: Realizar un seguimiento continuo de los resultados después de los ajustes para evaluar su efectividad y realizar ajustes adicionales si es necesario.

Capítulo 8: Presupuestos para la Toma de Decisiones

A lo largo de este tema hemos comprendido la importancia de crear un presupuesto ajustado a la realidad, ya que este proporciona la información necesaria para tomar decisiones acertadas.

El proceso de creación del presupuesto comienza con el establecimiento de metas y objetivos claros. A través del presupuesto, cuantificamos dónde queremos estar al finalizar el período, evaluando el cumplimiento de los objetivos planteados. Esto nos permite comparar lo proyectado con lo obtenido, verificando el alineamiento de los objetivos con la realidad.

Al asignar recursos a cada etapa y dependencia administrativa, se busca un uso óptimo de los mismos, siempre considerando el cumplimiento de los objetivos. Si se asigna menos de lo necesario para alcanzar un objetivo, se debe consultar con el responsable para decidir si solicitar más recursos o postergar temporalmente el objetivo. Es crucial reportar esta situación para tomar los correctivos necesarios en el siguiente presupuesto.

El objetivo del presupuesto empresarial en la toma de decisiones es permitir al gerente o líder de departamento examinar los avances mediante la comparativa con lo ejecutado del presupuesto. Esto permite visualizar el desempeño real y actuar en función de las desviaciones, siempre priorizando el logro de los objetivos.

Además, el presupuesto facilita la evaluación de la viabilidad de proyectos, al analizar costos, ingresos esperados y posibles riesgos. De esta manera, se reduce la incertidumbre y se toman decisiones más informadas. El presupuesto también proporciona una perspectiva a largo plazo al establecer proyecciones financieras para períodos futuros. Esto permite tomar decisiones estratégicas considerando el impacto financiero a largo plazo.

En resumen, un presupuesto sólido es esencial para la toma de decisiones, ya que proporciona claridad, enfoque, eficiencia en la asignación de recursos, control financiero, evaluación de viabilidad y planificación a largo plazo. Sin un presupuesto adecuado, las decisiones se vuelven más difíciles y existe un mayor riesgo de desviarse de los objetivos estratégicos.

¿Qué consecuencias genera la mala planeación del presupuesto para una toma de decisiones efectiva?

La mala planificación del presupuesto puede tener varias consecuencias negativas para una toma de decisiones efectiva:

1. Desalineación con los objetivos y metas de la empresa: Si el presupuesto no está en correspondencia con los planes estratégicos de la

empresa, las decisiones basadas en él pueden llevar a resultados no deseados.
2. Errores en la proyección de ingresos: Es importante considerar no solo los datos históricos, sino también otras variables como la inflación o el poder adquisitivo del cliente al proyectar los ingresos. De lo contrario, las decisiones podrían basarse en cifras poco realistas.
3. Subestimación de costos: Calcular con exactitud los costos de producción y administrativos ayuda a minimizar las diferencias entre el presupuesto y la realidad. Si los costos se subestiman, las decisiones pueden resultar en pérdidas financieras.
4. Falta de estructuración y asignación de recursos: Es crucial que la alta gerencia supervise y ajuste la estructuración y asignación de recursos presupuestarios para asegurarse de que estén alineados con los objetivos y metas de la empresa.
5. Falta de control y seguimiento: Aunque se haya realizado una planificación cuidadosa, si no se controla y se hace seguimiento del presupuesto, pueden surgir problemas que solo se detectarán cuando sea demasiado tarde para corregirlos. Es fundamental realizar un seguimiento continuo para poder ajustar el presupuesto según sea necesario.

En resumen, una mala planificación del presupuesto puede llevar a decisiones erróneas, pérdidas financieras y desviaciones significativas entre lo planificado y lo ejecutado. Es fundamental evitar estos errores y realizar un seguimiento constante del presupuesto para asegurar una toma de decisiones efectiva.

Capítulo 9: Presupuestos y Crecimiento Empresarial

A lo largo de los capítulos anteriores, hemos visto que los presupuestos son herramientas útiles para tomar decisiones alineadas con los objetivos de la alta gerencia. Estos objetivos son estrategias que la gerencia se propone para desafiarse y fomentar el crecimiento empresarial. Pero, ¿qué significa realmente el crecimiento empresarial?

Definición de crecimiento empresarial

El crecimiento empresarial implica la mejora continua de un negocio, ampliando mercados, actividades o financiamientos importantes, basándose en metas planificadas.

Actividades para lograr el Crecimiento Empresarial

- Identificación de nuevas oportunidades de mercado.
- Distribución de productos o servicios a otras zonas, nacional e internacionalmente.
- Satisfacción de demandas no cubiertas.
- Expansión de la presencia de la empresa en el mercado y fortalecimiento de la marca.
- Diferenciación de la competencia mediante la innovación.

Estrategias de Crecimiento Empresarial

- Aumento del volumen de ventas.
- Reducción de costos de operación sin comprometer la calidad.
- Aumento de la productividad mediante la automatización y sistematización de procesos.
- Expansión de operaciones a otros mercados, nacionales e internacionales.

En la actualidad, la globalización y la digitalización facilitan la expansión de las empresas hacia nuevos mercados, pero también aumentan la competencia. El uso efectivo de Internet es clave para este crecimiento.

¿Cómo los presupuestos apoyan el crecimiento y expansión de una empresa?

Los presupuestos respaldan el crecimiento empresarial al:

1. Permitir una planificación financiera realista para la toma de decisiones estratégicas.
2. Controlar y monitorear el uso eficiente de los recursos financieros.
3. Comparar los resultados reales con los presupuestados para identificar desviaciones y tomar medidas correctivas.

En resumen, los presupuestos son herramientas fundamentales que respaldan el crecimiento empresarial al proporcionar una guía financiera, controlar los recursos y evaluar el desempeño, lo que permite a la empresa alcanzar sus metas de crecimiento de manera eficiente y sostenible.

Capítulo 10: Caso Práctico

En este capítulo, analizaremos un caso práctico de creación y gestión de un presupuesto empresarial. Para ello, es importante tener en cuenta algunas consideraciones iniciales.

Comenzaremos utilizando el caso de una empresa productora de galletas que tiene una sola línea de producto y un único precio de venta. Esta simplificación nos ayudará a comprender mejor la elaboración del presupuesto. Sin embargo, es importante tener en cuenta que la elaboración del presupuesto se vuelve más compleja cuando hay más variedad de productos.

El propósito de este libro es establecer las bases fundamentales para la elaboración de un presupuesto para emprendedores. El objetivo principal es comprender cómo se construye un presupuesto.

Se eligió una empresa productiva para este caso particular, ya que su estructura es similar a la de una empresa de servicios y un poco más profunda que una empresa comercial. Se seleccionó este caso para tener una visión más completa de los costos de la empresa en la que se va a construir el presupuesto. Si solo se aplican los costos de ventas, se omitiría la parte de los costos de producción.

Además, se redactará este ejercicio como el total del presupuesto. Para elaborarlo por períodos más cortos, se debería desglosar la información de acuerdo con las consideraciones específicas de cada empresa, tanto en los volúmenes de ventas como en los aspectos productivos, basándose en trimestres o meses.

También se realizará una abstracción de la inflación en el valor de la moneda, manteniendo en los períodos en cuestión el mismo poder adquisitivo de la moneda.

La empresa seleccionada para este caso es Galletera La Máxima, una empresa emergente que en pocos años ha crecido y tomado relevancia en el sector industrial de su país. Debido a su crecimiento paulatino e impacto en el mercado, requiere elaborar un presupuesto de ingresos, egresos e inversión.

Con estas consideraciones claras, procederemos a estructurar nuestros presupuestos.

Fase 1 Recopilación de Información

Para la Elaboración de este presupuesto la unidad encargada recopila los siguientes datos:

Ingresos:

Ejercicio	2.019	2.020	2.021
Ventas	150.840,00	157.800,00	163.200,00
Unidades	12.570	13.150	13.600

Gráfico Nº 1

Tabla de Ingresos

Egresos:

Ejercicio	2.019	2.020	2.021
Compras	85.504,00	97.570,00	94.760,00
Costo de Mano de Obra	12.388,30	12.498,50	12.584,00
Costos Indirectos	1.074,74	1.124,33	1.162,80
Gastos Generales	2.149,48	2.364,43	2.600,87
Gastos de Personal	1.671,81	1.838,99	2.022,89
Gastos Publicitarios y Marketing	200,00	250,00	300,00
Comisiones Vendedores	15.084,00	15.780,00	16.320,00

Gráfico N° 2
Tabla de Egresos

Fase 2: Establecimiento de Objetivos

En base a las reuniones de la alta gerencia, se han determinado los siguientes objetivos para Galletera La Máxima:

1. **Crecimiento de Ingresos**: Se estima un crecimiento del 30 % en los ingresos promedio de los últimos 3 años para el año 2022. Este aumento se espera lograr mediante una inversión en una campaña publicitaria anual por un monto de 31,000 USD.
2. **Reducción de Egresos**: Se prevé una disminución del 10 % en los egresos mediante la aplicación de una nueva política que optimizará procesos y el

tiempo del personal, excluyendo las comisiones de vendedores, las cuales estarán en consonancia con los ingresos, representando el 10 % de las ventas. Además, se tomará como base los gastos de los últimos 3 años. En el caso de los gastos en publicidad y marketing, se realizará una inversión de 31,000 USD, sumado al promedio de los gastos de los últimos 3 años.

3. **Mejora tecnológica en producción**: Se plantea un proyecto de mejora tecnológica para el área de producción que involucra una inversión de 25,000 USD en maquinaria. Se espera que esta inversión resulte en una disminución de 5,000 USD en la contratación de personal eventual de mano de obra en períodos de alta producción durante el año (temporada navideña y vacaciones escolares), así como un incremento de aproximadamente 2,100 unidades para el año 2022.

Estos objetivos se han establecido con el fin de impulsar el crecimiento y la eficiencia de Galletera La Máxima en el año 2022.

Fase 3 Elaboración de los Presupuestos

Fase 3.1 Presupuesto de Ingreso

Bien iniciemos la elaboración del presupuesto de ingresos y será de la siguiente manera, tal como señala el Objetivo 1 que indica lo siguiente: *Se estima un crecimiento del 30 % de sus ingresos promedio de los últimos 3 años para el año 2022*, por lo que a continuación se crea esta tabla en base a la recolección de los datos:

Ejercicio	2.019	2.020	2.021	Promedio
Ventas	150.840,00	157.800,00	163.200,00	157.280,00
Unidades	12.570	13.150	13.600	13.106,67

Gráfico Nº 3
Cálculo del promedio de Ingreso por Ventas

Ejercicio	Promedio	30%	2.022
Ventas	157.280,00	47.184,00	**204.464,00**
Unidades	13.106,67	3.932,00	**17.038,67**

Gráfico Nº 4
Cálculo del Incremento de las ventas

Tal y como vemos en la tabla se prevé que los ingresos del año 2022 serán de 204.464 USD con el incremento del 30% de acuerdo a los objetivos propuestos basados en el incremento en base a la inversión en una campaña publicitaria.

Fase 3.2 Presupuesto de Egresos

En el caso del presupuesto de egresos tenemos la siguiente información: (Ver Gráfico Nº 5)

El promedio se obtiene sumando el valor de cada año (2019-2021) dividiéndolo entre la cantidad de años (3). Ahora a este valor se le hacen los ajustes que se señalaron en los objetivos: *Se prevé la disminución de los Egresos del 10% por la aplicación de una nueva política que los ayude a optimizar procesos, tiempo de personal, excepto en las comisiones de vendedores que irán en consonancia con los Ingresos pues representan el 10 % de las ventas.*

Ejercicio	2.019	2.020	2.021	Promedio
Compras	85.504,00	97.570,00	94.760,00	92.611,33
Costo de Mano de Obra	12.388,30	12.498,50	12.584,00	12.490,27
Costos Indirectos	1.074,74	1.124,33	1.162,80	1.120,62
Gastos Generales	2.149,48	2.364,43	2.600,87	2.371,59
Gastos de Personal	1.671,81	1.838,99	2.022,89	1.844,56
Gastos Publicitarios y Marketing	200,00	250,00	300,00	250,00
Comisiones Vendedores	15.084,00	15.780,00	16.320,00	15.728,00

Gráfico N° 5
Cálculo del promedio de Egresos

Igualmente se tomará como base los últimos 3 años. En el Caso de los gastos publicitarios y Marketing hay una inversión de 31.000 y le será sumado el promedio de lo gastado en los últimos 3 años. Y nos queda de la siguiente manera:

Ejercicio	Promedio	-10%	2.022
Compras	92.611,33	(9.261,13)	83.350,20
Costo de Mano de Obra	12.490,27	(1.249,03)	11.241,24
Costos Indirectos	1.120,62	(112,06)	1.008,56
Gastos Generales	2.371,59	(237,16)	2.134,43
Gastos de Personal	1.844,56	(184,46)	1.660,11
Gastos Publicitarios y Marketing	250,00	31.000,00	31.250,00
Comisiones Vendedores	15.728,00	0,00	15.728,00
Total Egresos			148.394,54

Gráfico N° 6
Cálculo del Incremento de los Egresos

Como podemos observar los egresos disminuirán en 10% con la excepción de Gastos publicitarios y Marketing quienes aumentarán 31.000 USD más el promedio que ha tenido en los 3 años anteriores por lo que queda en 31.250 USD, igualmente la comisión de vendedores queda con el promedio que viene tomando en los últimos años sin disminución.

Fase 3.3 Presupuesto de Inversión

Para el caso del Presupuesto de inversión tenemos que considerar las opciones que se plantearon como objetivos y evaluaremos el ROI para verificar la factibilidad de cada proyecto. Revisemos las tasas de cada proyecto.

Proyecto A

Este proyecto *estima un crecimiento del 30 % de sus ingresos promedio de los últimos 3 años para el año 2022 dado que esperan invertir en una campaña publicitaria anual por el orden de los*

31.000 USD. Como puedes notar este es el enunciado del crecimiento de los ingresos. Pero como tal, también es un proyecto de inversión y aplicaremos la fórmula del ROI recordemos que es:

ROI = *(Rendimiento obtenido de la inversión – inversión) / inversión x 100*

Tenemos los siguientes datos:

Inversión inicial = 31.000 USD

Beneficios Esperados = 47.184 USD (que sería el incremento del 30% promedio de las ventas de los últimos 3 años, ver tabla de Presupuesto de Ingresos)

Procedamos pues al cálculo del ROI del Proyecto A:

$$ROI_{(A)} = \frac{\text{Beneficio Esperado} - \text{Costo de Inversión}}{\text{Costo de Inversión}} \times 100$$

$$ROI_{(A)} = \frac{47.184,00 - 31.000,00}{31.000,00} \times 100$$

$$ROI_{(A)} = \frac{16.184,00}{31.000,00} \times 100$$

$$ROI_{(A)} = 0,52 \times 100$$

$$\boxed{ROI_{(A)} = 52\%}$$

En este proyecto, se calcula el Retorno de la Inversión (ROI) para el proyecto de la campaña publicitaria anual. La inversión inicial es de 31,000 USD y se espera un beneficio neto de 16.184 USD adicionales en ingresos anuales. El cálculo del ROI resulta en un valor positivo del 52%, lo que indica que, basado en esta estimación, el proyecto generaría un retorno positivo en la inversión. Este enfoque permite evaluar el rendimiento de los proyectos de inversión en función del ROI para tomar decisiones informadas sobre su viabilidad. En conclusión, el proyecto es viable y por eso se tomó en cuenta para la proyección en los ingresos.

Proyecto B

Este proyecto de Mejora tecnológica es *para el área de producción el cual involucra una inversión de 25.000 USD para la obtención de una maquinaria, la cual traerá una disminución de 5.000 USD en contratación de personal eventual de Mano de Obra en los períodos de alta producción durante el año (temporada navideña y de vacaciones escolares) y un incremento de 2100 unidades aproximadamente para el año 2022.* Este es otro proyecto muy diferente al anterior y para poder entenderlo lo desglosaremos por partes.

En primer lugar, observemos los datos que tenemos:

Inversión Inicial = 25.000 USD

Reducción de Costos = 5.000 USD

Ingresos Esperados = 25.200 USD

Beneficios Esperados = 30.200 USD[1]

Procedamos pues al cálculo del ROI del Proyecto B:

$$ROI_{(B)} = \frac{\text{Beneficio Esperado} - \text{Costo de Inversión}}{\text{Costo de Inversión}} \times 100$$

$$ROI_{(B)} = \frac{30.200 - 25.000}{25.000} \times 100$$

$$ROI_{(B)} = \frac{5.200}{25.000,00} \times 100$$

$$ROI_{(B)} = 0,21 \times 100$$

$$\boxed{ROI_{(B)} = 21\%}$$

En esta situación, el proyecto de inversión se centra en mejorar la eficiencia a través de la automatización. Aunque el ROI sigue siendo positivo, pero en menor medida (21%), el ahorro proyectado en costos anuales representa un valor positivo que indica una reducción significativa en los gastos operativos de la empresa, a pesar de no generar mucho rendimiento este año. Pero sugiere que el proyecto tendría un impacto positivo en la rentabilidad a largo

---

[1] En este caso, los beneficios esperados son 30.200 USD producto de la suma de los ingresos esperados de 25.200, más la reducción de costos, puesto que, al bajar el costo en 5.000 USD, aumenta el beneficio de la empresa. Por esta razón es que tanto la reducción de costos como los ingresos se suman al beneficio.

plazo, puesto que seguirán dando beneficios sin necesidad de hacer mayor inversión que la de dar mantenimiento y depreciar la maquinaria. Ante esto habría que modificar el presupuesto de Ingresos y Egresos podremos visualizarlo de la siguiente manera:

Ejercicio	2.022	Ajuste B	2.022
Ingresos			
Ventas	204.464,00	25.200,00	229.664,00
Total Ingresos	**204.464,00**		**229.664,00**
Egresos			
Compras	83.350,20		83.350,20
Costo de Mano de Obra	11.241,24	(5.000,00)	6.241,24
Costos Indirectos	1.008,56		1.008,56
Gastos Generales	2.134,43		2.134,43
Gastos de Personal	1.660,11		1.660,11
Gastos Publicitarios y Marketing	31.250,00		31.250,00
Comisiones Vendedores	15.728,00		15.728,00
Total Egresos	**146.372,54**		**141.372,54**
Utilidad Presupuestada	***58.091,46***		***88.291,46***

Tal y como podrás darte cuenta la diferencia entre la Utilidad Presupuestada antes de los ajustes con la de después de los ajustes dan un monto de 30.200 USD que es el beneficio neto de la aplicación del Proyecto B, aquí no se refleja la maquinaria, pero se toma en cuenta en otro Estado Financiero.

Fase 4 Integración y Revisión

Aquí en esta parte se unirán los componentes del presupuesto

Galletera La Máxima, C.A.
Presupuesto 2.022

	2.022
Ingresos	
Ventas	229.664,00
Total Ingresos	**229.664,00**
Egresos	
Compras	83.350,20
Costo de Mano de Obra	6.241,24
Costos Indirectos	1.008,56
Gastos Generales	2.134,43
Gastos de Personal	1.660,11
Gastos Publicitarios y Marketing	31.250,00
Comisiones Vendedores	15.728,00
Total Egresos	**141.372,54**
Utilidad Presupuestada	*88.291,46*
Proyectos de Inversión	
Maquinaria	25.000,00
Total Proyectos de Inversión	**25.000,00**

Fase 5: Presentación y Aprobación

Este presupuesto deberá ser aprobado por la dirección general de la empresa, así como por todas las personas con criterio y poder de decisión en la misma, formalizándose por escrito. Se presentará ante un grupo, como la Junta Directiva o la Dirección de la empresa.

Sin embargo, al tratarse de un grupo, es recomendable realizar reuniones previas para compartir puntos de vista y llegar a acuerdos antes de la reunión general, ya que cada persona tendrá su propia opinión sobre el presupuesto. Estas reuniones previas pueden ayudar a comprender mejor el presupuesto y los resultados esperados. La presentación será una convención donde todos los tomadores de decisiones expresarán su conformidad con el proyecto presupuestario presentado.

Es recomendable redactar un acta donde cada uno o el responsable general apruebe el proyecto presentado, para evitar malos entendidos o modificaciones posteriores que puedan generar confusiones.

No se debe comenzar la aplicación del presupuesto sin contar con la aprobación del responsable o los responsables, quienes con su firma avalarán el presupuesto y podrán actuar de acuerdo a lo planificado. Si se sugieren modificaciones durante la presentación, será necesario reconfigurar el presupuesto según las sugerencias planteadas para cumplir con los acuerdos de la reunión.

Fase 6: Seguimiento y Control

Una vez definido el presupuesto final y con la aprobación correspondiente, se debe establecer un cronograma de seguimiento basado en el control de la actividad y la verificación de los resultados. Es importante monitorear la ejecución y comparar lo esperado con lo ejecutado utilizando la misma plataforma o base de datos.

Es recomendable realizar correcciones según los análisis estadísticos y predictivos sobre el aspecto que se analiza. Se deben establecer actividades prioritarias o importantes para un seguimiento más sensible y que influyan en la planificación. Los controles más estrictos estarán presentes en los ítems más susceptibles de influir en los objetivos planteados.

Conclusiones

No muchas personas se atreven a cruzar el camino del emprendimiento, aunque en los últimos años la tendencia es que cada día más personas se lanzan al ruedo y comienzan a recorrer este camino que, en algunas ocasiones, puede parecer incierto, pero que, a decir verdad, no necesariamente lo es.

Cuando tomamos la decisión de emprender, debemos tener al menos un plan sobre los pasos que debemos recorrer para no andar a la deriva. Es por ello que tener un plan al inicio de cualquier actividad es importante, ya que nos permitirá establecer objetivos y, paso a paso, alcanzar nuestras metas. Sin embargo, muchas personas confían únicamente en su "instinto" para llevar a cabo sus actividades, y en la mayoría de los casos, esto no funciona como se espera. Los olvidos, estar ocupados con cosas que no son prioritarias y hacer muchas cosas al mismo tiempo pueden llevarnos a girar en círculos.

Cuando contamos con un plan, tenemos claramente establecida la meta o a dónde deseamos llegar, nos enfocamos y sabemos, en su mayoría, cuál será el camino que vamos a transitar.

Un presupuesto forma parte de ese plan macro donde vas a establecer tus metas y objetivos. Un presupuesto es una herramienta que nos permite establecer y controlar cuantitativamente las actividades que la alta gerencia planifica para obtener unos determinados objetivos. Estos objetivos se podrán lograr si previamente se ha elaborado este plan y se han distribuido las responsabilidades y los recursos necesarios para poder obtener los resultados esperados.

Contar con un presupuesto es tener una valiosa herramienta como aliado, pero no garantiza que las cosas vayan a salir del todo bien. Sin embargo, es una guía que nos permitirá monitorear la situación de la empresa y evaluar si estamos en el camino correcto. Siempre debemos recordar que lo que no se controla no se puede evaluar y si no se evalúa, no podemos encontrar nuestros puntos débiles ni mejorar.

Durante el desarrollo de este libro, hemos podido visualizar que existen muchas técnicas para presupuestar dentro de una empresa. La intención de este libro es darte luces para que puedas comprender el proceso que involucra elaborar, usar y evaluar un presupuesto. Puedes elaborarlo a la escala que tu empresa lo requiera, desde unidades o pequeños departamentos hasta contar con un presupuesto maestro que involucre a toda la empresa. Como mencioné anteriormente, te permite visualizar las actividades que se llevan a cabo y verificar si van en cumplimiento de los objetivos previamente establecidos.

No existe una metodología estricta para la elaboración de un presupuesto, al menos en la parte privada; en la pública, depende de los reglamentos y leyes de cada país. Sin embargo, todas parten de un plan general desde donde las metas deben ser planificadas y establecidas por la alta gerencia. Estas metas deben ser alcanzables y cuantificables para poder establecer numéricamente la evolución y desarrollo del presupuesto.

Después de esto, se procede al establecimiento de las proyecciones tanto de ingresos como de egresos. Los ingresos se componen por las entradas de dinero que se van a producir durante el periodo en que se está elaborando el presupuesto. Obviamente, los ingresos irán de acuerdo con las metas planteadas por el plan general, la capacidad de la empresa para producir y la demanda que el producto o servicio tendrá.

Por otra parte, también se debe elaborar el presupuesto de egresos, que representan las salidas de dinero que tendrá la empresa. Estos egresos se dividen en 2 grandes grupos: los costos y los gastos. Los costos están directamente relacionados con la elaboración del bien o servicio que estamos ofreciendo, y deben ser proporcionales al volumen de los ingresos. Incluyen desembolsos de materia prima o la mano de obra encargada de producir el bien o servicio. Por otro lado, los gastos también representan salidas de dinero, pero son para cubrir las necesidades de funcionamiento de la empresa que no tienen relación directa con la generación de ingresos, como los gastos en alquiler o vigilancia, por ejemplo.

Es necesario visualizar las fluctuaciones de dinero derivadas de la actividad de entrada y salida de efectivo, lo que nos permitirá seguir funcionando normalmente y aprovechar al máximo la tenencia de este recurso financiero.

Estar atento a estas fluctuaciones es importante, ya que la empresa no debe quedarse sin disponibilidad de efectivo para cumplir con terceros (empleados, proveedores, instituciones financieras, el Estado). Esta situación sería terrible para la empresa, por lo que se debe mantener un control tanto en el desarrollo de las actividades relacionadas con el efectivo como en la ejecución misma del presupuesto. Las irregularidades deben evitarse o, al menos, tener un plan para satisfacer las necesidades y permitir que la empresa continúe funcionando. También es crucial estar alerta a los indicadores clave en la ejecución del presupuesto (como el efectivo, aunque no es el único) para poder tomar decisiones que puedan evitar o minimizar los efectos negativos sobre la empresa.

La supervisión periódica es necesaria y muy importante. Quien la ejerza debe mantener información tanto de los subalternos como de los gerentes y personas al mando de las grandes decisiones que afecten a la empresa.

Muchos pueden pensar que elaborar un presupuesto es difícil e incluso costoso, pero no en vano muchas personas consultan las estadísticas para predecir lo que va a ocurrir en el futuro, ya sea a través de modelos matemáticos o consultando a un vidente. Contar con cierto conocimiento de lo que ocurrirá en el futuro, sea porque lo hemos decidido como una meta o como una ruta a ejecutar, siempre será ventajoso en comparación con aquellas administraciones que no lo hacen.

Claro está que debemos contar con ciertas habilidades para usar el presupuesto como una forma de dirigir la empresa hacia los objetivos que nos hemos planteado desde un principio. Se debe tener cierto grado de flexibilidad, previsión y estar dispuestos a asumir los riesgos de cada decisión que se tome.

Muchos podrían pensar que asumir riesgos es lanzarse por una opción porque es lo que queremos o creemos que va a pasar. Sin embargo, en términos empresariales, no podemos dejar las cosas simplemente al azar. También debemos procurar hacer una revisión sobre posibilidades y calcular probabilidades para tomar decisiones basadas en datos. Al hablar de riesgos, es poner un camino a prueba cuyo resultado debería ser el esperado, y si no resulta, tener calculada la pérdida que podríamos tener y que estamos dispuestos a aceptar si se produce. No es un juego de póquer, es una decisión pensada.

Otro elemento importante a considerar al elaborar un presupuesto, y que está relacionado con la planificación de la empresa, es el presupuesto de capital o inversión. Este tipo de presupuesto lleva la planificación a otro nivel. Hay momentos en los que la alta gerencia toma decisiones extraordinarias porque salen de la rutina de ingresos y egresos de la empresa, y se proponen en perspectiva de crecimiento y desarrollo de la empresa en algún aspecto considerado importante, como nuevas construcciones, adquisición de propiedades que favorezcan las actividades de la empresa y proyectos a largo plazo. Todos estos enfoques están destinados a generar un beneficio cuantificable para que los tomadores de decisiones consideren estos aspectos como necesarios para el bien de la empresa.

Las inversiones en la empresa también deben planificarse minuciosamente, ya que las cantidades de dinero a utilizar deben satisfacer las necesidades y objetivos planteados por la alta gerencia.

Para llevarlo a cabo de manera satisfactoria, es necesario:

1. Tener claramente establecidas las metas u objetivos de la empresa, ya sea a corto, mediano o largo plazo, para desarrollar el presupuesto de manera efectiva.
2. Disponer de un presupuesto de ingresos confiable para proyectar con seguridad los requerimientos de compra de materia prima, estimar las horas máquinas necesarias para los niveles de producción y otras variables.
3. Proyectar la inversión fija, como la adquisición de maquinarias y equipos, conjuntamente con sus consecuencias contables como depreciaciones, amortizaciones e intereses sobre créditos si fue a través de financiamiento.

4. Contar con un presupuesto de egresos e inversión diferida que incluya tanto egresos fijos (como sueldos, alquileres) como egresos variables (como compras de materiales, fletes en compra), para tomar decisiones más acertadas.
5. Considerar y tener calculado el capital de trabajo, que es la diferencia entre los Activos Circulantes y los Pasivos Circulantes, esencial para el correcto funcionamiento de la empresa.
6. Establecer un esquema de control y seguimiento para evaluar el presupuesto en todas sus instancias.
7. Prever acciones a tomar en caso de desviaciones importantes que puedan presentarse al aplicar el presupuesto.

Los presupuestos ayudan a determinar las áreas fuertes y débiles de la empresa, a hacer comparaciones de las metas programadas en los planes respecto de los resultados alcanzados, lo cual permite realizar correcciones antes de enfrentar las consecuencias. La importancia radica en contar con un sistema presupuestal como instrumento de gestión para tomar decisiones oportunas y obtener el uso más productivo de los recursos.

Si eres gerente, contar con un presupuesto te permite tomar decisiones financieras con mayor certeza. Es como tener un mapa antes de salir a la carretera: te ayuda a evaluar el estado actual de tu empresa y lo que debes hacer para lograr tus metas financieras en el futuro.

Desarrollamos a lo largo de todo el libro que ser emprendedor es difícil. Por eso, contar con la mayor cantidad de herramientas que te permitan tener una visión más amplia sobre el horizonte que tienes frente a ti facilitará y hará más acertadas las decisiones que debas tomar para el desarrollo de tu actividad.

Espero que después de leer este libro tengas más ganas de desarrollar un presupuesto y profundizar más técnicamente en su elaboración. Nunca te quedes solo con lo que dice un solo autor; tu criterio crecerá a medida que puedas cuestionar lo que aprendes. La mejora continua de tu emprendimiento y de tu perfil como gerente debería ser lo que te impulse a ser cada día mejor. Te deseo éxito en el camino que tienes por delante.

Si te gustó este libro, estaré enormemente agradecido si puedes calificarlo en la plataforma desde donde lo adquiriste y dejarme un comentario. Desde mi parte, espero poder seguir guiándote con más libros como este. ¡Que tengas una vida feliz y maravillosa!

Sobre El Autor

Carlos Cárdenas Verde es un profesional destacado en el ámbito de las finanzas, la autoayuda y el emprendimiento. Graduado como Licenciado en Contaduría Pública por la Universidad Nacional Experimental de los Llanos Ezequiel Zamora en 2000, ha acumulado una vasta experiencia como contador, asesor financiero y gestor de negocios.

Su pasión por la enseñanza lo ha llevado a compartir sus conocimientos con jóvenes y adultos en prestigiosas instituciones educativas como el Instituto Universitario de Tecnología Coronel Agustín Codazzi y la Universidad Nacional Experimental Simón Rodríguez. Carlos se destaca por su enfoque innovador en el desarrollo de herramientas contables y administrativas, así como por su autodidactismo en áreas como el Marketing Digital y el Emprendimiento Digital.

Autor de obras como "Quiero ser un emprendedor exitoso", "¿Cómo elegir una idea de negocio?", "Plan de negocios para una Startup" y "Disciplina la Procrastinación", Carlos Cárdenas Verde se erige como una figura influyente en el mundo empresarial y de la autoayuda. Sus libros, disponibles en la misma plataforma donde se obtuvo este ejemplar o a través del escaneo del código QR proporcionado, son una guía invaluable para quienes buscan alcanzar el éxito en sus emprendimientos y en su vida personal. ¡No pierdas la oportunidad de adquirirlos y transformar tu futuro!

www.ingramcontent.com/pod-product-compliance
Lightning Source LLC
Chambersburg PA
CBHW051532240526
45471CB00019B/750